계절을 배워요 6

봄나물에는 무엇이 있을까요?

처음 펴낸 날 | 2018년 4월 5일
네 번째 펴낸 날 | 2025년 5월 5일

글 | 박미림
그림 | 문종인

펴낸이 | 김태진
펴낸곳 | 다섯수레
기획편집 | 김경희, 조주영, 장예슬
디자인 | 이영아
마케팅 | 이운섭
제작관리 | 김남희

등록번호 | 제3-213호
등록일자 | 1988년 10월 13일
주소 | 서울특별시 마포구 동교로15길 6 (우 04003)
전화 | (02) 3142-6611
팩스 | (02) 3142-6615
인쇄 | (주)로얄 프로세스

ⓒ 박미림, 문종인 2018

ISBN 978-89-7478-415-7 74400
　　　978-89-7478-395-2 (세트)

계절을 배워요 6

봄나물에는
무엇이 있을까요?

박미림 글 | 문종인 그림

다섯수레

봄나물에는 무엇이 있을까요?

솔솔 봄바람이 불어요.
엉덩이는 들썩, 콧노래가 저절로
엄마 아빠 손잡고 나물 캐러 가요.
바구니에 꽃삽이랑 나물 칼도 챙기고
새들이 노래하고 나비들이 춤추는
산으로 들로 향긋한 봄나물 캐러 가요.
봄나물 찾기 재미있어요.

민들레
민들레는 산과 들에서 흔히 볼 수 있어요.

볕이 잘 드는 곳이라면 어디에서든 민들레를 만날 수 있어요.
민들레는 땅바닥에 납작하게 붙어서 자라요.
추운 겨울을 이기려고 이런 모습으로 겨울을 나요.
땅에 가까이 붙어 있을수록 바람을 최대한 피할 수 있고
뿌리도 보호할 수 있을 테니까요.
민들레는 뿌리를 땅속으로 깊이 뻗어요.
혹시 잎들이 시들어도 뿌리는 살아남으려는 작전이지요.
또 햇빛을 많이 받으려고 잎을 넓게 펼쳐요. 그 모습이
장미처럼 보여서 로제트 식물이라고도 부르지요.

지칭개

민들레

뿌리잎
뿌리잎은 땅바닥에 납작하게 붙어 자라는 잎이에요.

뿌리
뿌리는 여러 개로 부러뜨려 심어도 모두 싹이 날 만큼 생명력이 강해요.

민들레처럼 겨울을 나는 로제트 식물에는
냉이, 씀바귀, 지칭개 들이 있어요.
민들레는 꽃줄기가 올라오기 전에
어린잎을 뜯어 나물로 먹어요. 뿌리는 약재로도 쓰이고,
꽃은 잘 말려서 따뜻한 물에 우려 차로 마시지요.

냉이
냉이는 향긋한 봄나물이에요.

맛도 좋고 영양가도 높은 냉이는 으뜸가는 봄나물이에요.
겨울을 이겨 낸 냉이는 인삼보다 좋다는 말도 있지요.
지방에 따라 '나생이', '나숭개'라고도 불러요.
봄이 오면 냉이의 뿌리잎 가운데서 줄기가 올라와요.
5월쯤 되면, 하얀 냉이꽃이 밑에서부터 피어 올라가지요.
냉이꽃은 십자 모양이에요. 냉이의 가까운 친척으로는
노란 꽃이 피는 꽃다지와 냉이보다 잎이 두껍고
줄기도 굵은 말냉이가 있어요.

꽃다지

말냉이

냉이는 꽃줄기가 나오기 전에 뿌리째 캐서 먹어요.
긴 겨울 추위에 지친 몸도 향긋한 냉이된장국
한 그릇이면 힘이 불끈 솟아나지요.

냉이꽃
꽃이 지면 세모꼴의
열매가 달려요. 열매 안에는
씨앗이 들어 있지요.

줄기잎
뿌리잎보다
부드러워요.

냉이

꽃줄기

뿌리잎
새의 깃 모양을
닮았어요.

홑잎나물
홑잎나물은 화살나무의 새순이에요.

화살나무는 가지에 달린 날개가 화살의 날개와 닮아 '화살나무'라는
이름이 붙었어요. 이른 봄이면 화살나무에서 연둣빛 새잎이 돋아요.
이 새로 돋은 어린잎을 홑잎나물이라고 해요.
화살나무는 양지바른 산기슭에서 잘 자라요.
가을에 붉게 물든 잎과 열매가 곱고
예뻐서 울타리 나무로도 많이 심지요.

화살나무

화살나무 울타리

홑잎나물밥

화살나무 가지에는 두 줄 또는 네 줄의
날개가 달려 있어요. 이 날개는 실제보다
줄기를 훨씬 굵어 보이게 해서 화살나무가
초식동물로부터 자신을 지키도록 도와주어요.
이른 봄, 화살나무의 보드라운 연둣빛 새잎을
뜯어 씻어 두었다가 고슬고슬 밥을 지어 먹기도 해요.
홑잎나물은 맛도 좋지만 건강에도 아주 좋아요.
초여름에는 잎겨드랑이에 연둣빛 작은 꽃이
두세 개씩 모여 피지요. 꽃이 지면 열매가 붉게 익어요.

홑잎나물

날개 —
화살나무의 날개는
초식동물로부터
자신을 보호하는
역할을 해요.

열매껍질

씨앗

붉게 익은 열매껍질이
벌어지면 주황색 씨앗이
드러나요.

질경이

질경이는 밟히더라도 잘 자라요.

질경이는 길가나 논두렁, 밭두렁에서 살아요.
다른 식물들과 경쟁하며 살아야 하는 풀밭보다는
밟히더라도 살아남을 수 있는 길가에서 잘 자라요.
길가에서 잘 자라기 때문에 옛날 사람들은
길을 잃었을 때 질경이를 따라 걷기도 했어요.
그러면 마을이 나타났지요.
그래서 옛날에는 질경이를 '길경이'라고 불렀어요.

질경이 잎

잎맥
잎 속에 가느다랗고 질긴 잎맥이 있어요.

잎자루

질경이

꽃줄기

이삭꽃차례
여름에는 긴 꽃줄기 끝 이삭 모양의 꽃차례에서 자잘한 흰 꽃이 모여 피어요.

질경이의 잎과 꽃줄기 속에는 실처럼 가느다랗고
질긴 잎맥이 있어요.
장난감이 귀하던 시절, 아이들은 이 잎맥으로
풀 씨름도 하고 제기도 만들어 놀았지요.
질경이 잎은 꽃줄기가 나오기 전에 뜯으면 연하고 달아서
나물로 무쳐 먹기도 해요.

질경이 잎맥을 모아
어느 쪽이 오래 버티는지
내기를 하지요.

질경이 씨름

돌나물

돌나물은 무리 지어 자라요.

돌나물은 돌밭에서 잘 자라서 돌나물이에요.
지방에 따라 '돈나물'이라고도 하지요.
돌나물은 양지바른 곳에서 무리 지어 잘 자라요.
처음에는 곧게 자라다가 점점 길게 자라
땅에 닿아요. 그러면 땅에 닿는 부분에서
새 뿌리가 나와 줄기를 뻗으며 땅을
뒤덮듯이 자라지요.

돌나물

돌나물

줄기
돌나물의 줄기는
통통하고
물이 많아요.

잎
잎은 3개씩
돌려나고
통통하지요.

5월에는 줄기 끝에 노란 꽃이 모여 피어요.
꽃잎은 끝이 뾰족하고 꽃받침보다 길어요.
돌나물은 꽃이 피기 전에 어린 줄기와 잎으로
물김치를 만들면 상큼하고 맛이 좋아요.
김치 담그기에 좋은 다른 나물에는 씀바귀,
뽀리뱅이, 고들빼기도 있어요.

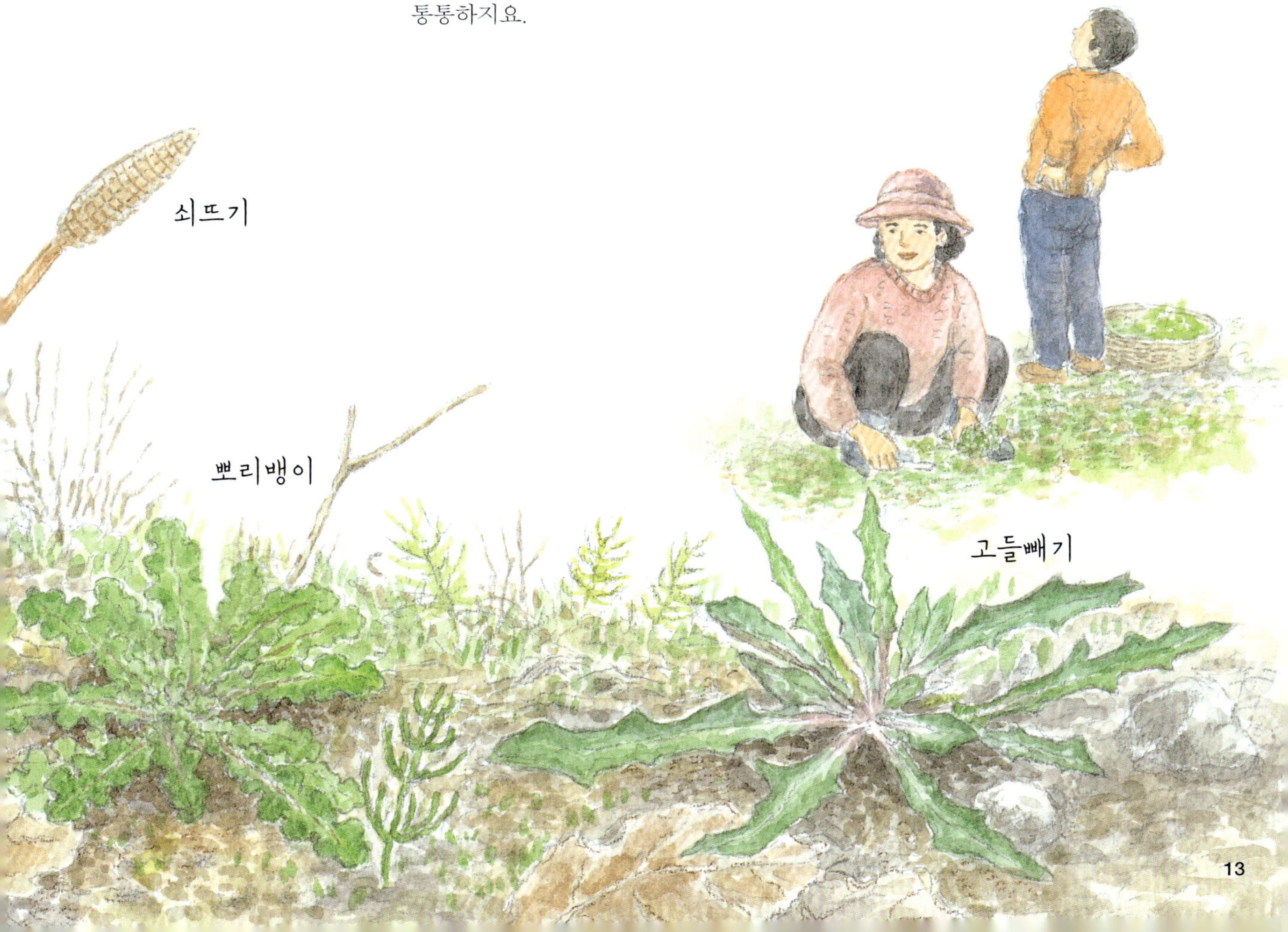

쇠뜨기

뽀리뱅이

고들빼기

쑥

쑥은 쓰임이 여러 가지예요.

쑥버무리

쑥은 거친 땅에서도 쑥쑥 잘 자라요.
또 향기가 좋고 쓰임이 많아
조상들로부터 사랑을 받아 왔어요.
쑥 잎을 자세히 보면 뒷면에 흰 털이 빽빽하게
나 있어요. 그래서 떡을 만들 때 쑥을 넣으면
쌀과 함께 얽혀서 떡에 찰기가 생기지요.
쑥은 봄에 국을 끓여 먹기도 하고, 약으로 쓰기도 해요.
상처가 났을 때 쑥을 붙이면 피가 멎어요.
또 쑥을 빚어서 피부 위에 놓고 태워
병을 치료하기도 했어요. 이를 쑥뜸이라 하지요.

쑥뜸 뜨는 모습

쑥은 모깃불을 피울 때도 쓰였어요. 모깃불은 여름밤 모기를 쫓기 위해 마당에 피우는 불이에요. 마른 풀이나 지푸라기와 함께 쑥을 태우면 쑥의 성분이 모기를 쫓아주지요. 어린이들은 모깃불에 감자를 구워 먹기도 하고 그 옆에 멍석을 펴고 누워 별을 세기도 했어요.

쑥으로 모깃불을 피운 모습

쑥

제비꽃

제비꽃은 개미집 가까이에서 피어요.

제비꽃은 봄에 볕이 잘 드는 곳에서 흔히 볼 수 있어요.
가느다란 꽃줄기 끝에 작고 귀여운 자줏빛 꽃이 피지요.
제비꽃은 제비가 돌아올 때쯤 피어서 '제비꽃'이라고 부르고,
키가 작아 '앉은뱅이꽃'이라고도 하지요.
제비꽃은 개미집 가까이에서 피어요.
개미들이 제비꽃 씨앗에 젤리처럼 묻어 있는
'엘라이오솜'을 좋아하기 때문이에요.
개미들은 씨앗을 집으로 가져가서 이것만 떼어서 먹어요.
그리고 나서 집 밖으로 씨앗을 내다 버리지요.
개미들 덕분에 제비꽃의 씨앗들은 멀리 흩어져서
자손을 퍼트려요. 제비꽃은 꽃잎과 함께
잎을 따서 나물로 무쳐 먹어요.
또 꽃잎을 잘 말려 차로도 마시지요.

제비꽃차
밤에 잠이 오지 않을 때
마시면 좋아요.

캘까요? 뜯을까요?

뿌리에 영양분이 많은 나물은 뜯는 것보다
뿌리째 캐는 것이 좋아요. 달래나 씀바귀, 민들레처럼
뿌리를 먹는 나물은 뿌리째 캐지요.
잎을 살짝 잡고 꽃삽이나 호미로 흙과 함께
나물을 캐낸 뒤 뿌리의 흙을 살살 털어요.
나물을 캐고 나면 땅속에 살고 있는
다른 생물들을 위해 처음처럼 흙을
덮어 두는 것이 좋아요.

달래 흙 털기
달래는 캘 때 잘 끊어져서
살살 달래서 캐야 해요.
그래서 이름도 달래예요.

달래   냉이   개망초

별꽃 나물, 돌나물은 뿌리를 먹지 않기 때문에 뿌리째 캘 필요가 없어요. 파릇파릇한 부분만 손으로 조심스럽게 뜯으면 되지요. 필요 없는 부분까지 딸려 나오면 다듬는 시간도 많이 걸리고 버려지는 부분이 많아져요.
쑥, 개망초, 질경이, 제비꽃도 손으로 뜯어요.

별꽃 나물

나물 칼로 자르기
작은 나물 칼로 필요한 부분만 자르면 다듬기도 편하고 식물에게도 피해를 덜 주게 되지요.

돌나물

별꽃 나물

독초와 먹는 나물을 구별할 수 있나요?

은방울꽃은 이름도 꽃도 예쁘지만 먹을 수 없어요. 꽃이나 잎, 열매가 유난히 윤이 나거나 화려하면 독초일 수 있어요. 미치광이풀은 척 들어도 독이 들었을 것 같은 이름이지요? 하지만 동의나물처럼 나물이라는 이름이 붙었어도 독초인 경우가 있어요. 특히 동의나물은 생김새가 곰취와 비슷해서 잘 구별해야 해요. 애기똥풀은 독성이 있기 때문에 함부로 먹으면 안 돼요.

은방울꽃

곰취

동의나물

앉은부채

'모든 약은 독이고, 모든 독은 약이다.'라는
말이 있어요. 알맞게 쓰면 약이 되는 식물도
많이 쓰면 독이 될 수 있다는 뜻이에요.
벌레가 먹은 식물은 대부분 사람도 먹을 수 있지만
모두 그런 것은 아니에요.
또 혀끝에만 닿아도 따갑고 해로운 독초도 있어서
직접 맛을 보고 나물을 구별하려 하면 안 돼요.
잘 아는 나물만 뜯는 것이 중요해요.

애기똥풀

족도리풀

미치광이풀

나물을 캘 때 나물에게 지킬 예의는 무엇일까요?

세상에 귀하지 않은 목숨은 없어요.
이름 없는 풀이라도 함께 살아야 할
이 땅의 귀한 목숨이지요.
나물을 캘 때 나물에게 지킬 예의는
무엇일까요?

♣ 고마운 마음을 가져요.
♣ 희귀 식물은 보호해요.

코딱지 나물 꽃다지
거짓말 마라 참나물
콧노래 부르며 캐다 보니
봄이 벌써 저만치 가네.

♣ 욕심내지 말고 필요한 만큼만 캐요.
♣ 먹을 수 있는 부위만 뜯어요.
♣ 자연보호 구역에서는 뜯거나 캐지 않아요.

♣ 여러 포기 가운데 큰 것만 캐고,
 캔 뒤엔 흙으로 잘 덮어요.
♣ 다른 생물들이 다치지 않게 조심해요.

이런 점은 주의해요.
♣ 도로나 하수구 근처, 오염된 곳에서
 자란 풀은 뜯지 않아요.
♣ 어떤 풀에 독성이 있는지 미리 공부해
 두어야 해요.

박미림 선생님은
조선일보 신춘문예에 「숙제 안 한 날」로 등단하였습니다.
살림 출판사 공모전에 『소금쟁이는 왜 피켓을 들었을까?』가 당선되기도 했어요.
많은 상을 수상했지만 가장 소중하게 생각하는 상은,
어린 제자에게 받은 '좋은 선생님, 소문자자상'이라고 해요.
글을 쓰는 일을 좋아하지만, 자연을 공부하는 일을 더욱 좋아해요.
어린이들이 자연과 더불어 행복한 미래를 살아가길 소망하며, 끊임없이 공부하지요.
지은 책으로는 어린이책『여름 텃밭에는 무엇이 자랄까요?』『사계절 자연이 궁금해』,
시집『벚꽃의 혀』, 수필집『꿈꾸는 자작나무』들이 있습니다.
현재 서울재동초등학교에서 아이들을 가르치고 있습니다.
블로그 : http://blog.naver.com/pmr126

문종인 선생님은
인천에서 살고 있는 화가 아저씨예요. 자연과 생태, 환경을 이야기하는
책에 그림을 그려 오고 있어요. 이 책은 물감과 색연필을 사용해서
수채화 기법으로 그렸어요. 봄나물 그림책에 그림을 그릴 자료를 찾으면서
땅을 바라보고 걷는 습관이 생겼어요. 처음엔 아파트 화단에서도 먹을 수 있는
나물이 많다는 사실에 놀랐지요. 어린이 친구들도 쓰임도 많고 환경을
이롭게 해 주는 고마운 풀, 봄나물을 많이 찾아보세요.
그린 책으로는『여름 텃밭에는 무엇이 자랄까요?』『사과가 주렁주렁』
『큰 집게발이 멋진 흰발 농게』『황새』들이 있습니다.

'계절을 배워요'

'계절을 배워요'는 5·6·7·8세 어린이를 위한 자연 공부 그림책입니다.

봄, 여름, 가을, 겨울 사계절 자연의 변화를 따라가며 자연의 신비와 생명의 소중함을 배웁니다.

계절을 배워요 1
잎에는 왜 단풍이 들까요?

서늘한 가을이 되면서 초록색 잎들이
아름다운 단풍으로 물들어 가요. 노랗고
빨갛게 물든 단풍에는 어떤 자연의 과학이
숨어 있을까요?

편집부 글 | 정유정 그림 | 장진성 감수

계절을 배워요 2
동물들은 어떻게 겨울나기를 하나요?

볼이 뽈록, 입안 한가득 도토리를 물어 나르는
다람쥐는 정신이 없어요. 찬바람이 불고
눈이 펑펑 내리는 추운 겨울, 동물들은
어떻게 지낼까요? 오들오들 떨고 있을까요?
아니면 따뜻한 곳에 꼭꼭 숨어 있을까요?

한영식 글 | 남성훈 그림

계절을 배워요 3
식물은 어떻게 겨울나기를 하나요?

쌩쌩 찬바람이 불어 대는 겨울, 나무는
끄떡없이 서 있어요. 잎들을 다 떠나 보내고도
춥지 않은가 봐요. 무엇이 나무를 꽁꽁 얼지
않게 해 줄까요?
누가 복슬복슬 털옷을 입고 겨울을 지내나요?

한영식 글 | 남성훈 그림

계절을 배워요 4
씨앗은 어떻게 자랄까?

- 강낭콩으로 배우는 식물의 한살이
작은 씨앗 한 알이 어떻게 큰 식물이 될까요?
씨앗이 자라려면 흙과 물 그리고 햇빛이 필요해요.
씨앗이 어떻게 퍼져 나가 싹을 틔우고 꽃을 피워
열매를 맺는지 살펴보아요.

한영식 글 | 남성훈 그림

계절을 배워요 5
여름 텃밭에는 무엇이 자랄까요?

여름 텃밭에는 맛있는 채소들이 가득해요.
잎채소, 줄기채소, 뿌리채소 종류도 다양하지요.
여러 종류의 채소가 각각 어떻게 번식하고
어떻게 자라나는지 함께 살펴볼까요?

박미림 글 | 문종인 그림

계절을 배워요 6
봄나물에는 무엇이 있을까요?

봄나물은 겨우내 쌓인 눈이 녹지 않았어도
누구보다 먼저 봄이 온 걸 알아요.
언 땅에서도 뿌리를 간직한 채 빼꼼 새잎과
줄기를 내밀지요. 겨울을 이겨 낸
봄나물에는 무엇이 있을까요?

박미림 글 | 문종인 그림

계절을 배워요 7
잠자리의 가을 여행

노란 들과 울긋불긋 단풍을 볼 수 있는
가을에 곤충들은 어떻게 지낼까요?
가을 여행을 떠나는 잠자리를 따라서
가을을 살아가는 여러 곤충 친구들을 만나 보아요.

한영식 글 | 다호 그림

계절을 배워요 8
여름 숲속에서 반딧불이가 반짝여!

반딧불이를 찾기 위해 아빠와 함께 숲속으로
여행을 떠난 아이의 특별한 여름을 담은 이야기예요.
햇볕이 쨍쨍 내리쬐는 여름날 숲속에는
어떤 생물들이 살고 있을까요?
아침부터 밤까지 달라지는 숲속 풍경과 여름밤을
밝히는 반딧불이의 반짝임을 살펴보아요.

한영식 글 | 문종인 그림